CAMBIE SU VIDA PARA EL ÉXITO

A mi hijo siempre amado

Avanza...

No te limites a existir. Avanza.

Pronto estarás muerto.

La estrechez te ha sofocado.

La vida que te prescribieron ya te aburrió hasta la muerte.

Arma todo un lío.

Haz lo que no está bien.

Habla tu verdad.

Deja de esperar.

Estalla en mil pedazos. Desintégrate. Libérate.

Sé irresponsable.

Arriésgate a perder lo falso.

Sacrifica tu imagen en el altar de la vitalidad.

Siente algo de dolor, algo de alegría, algo de locura.

Suelta las excusas, la culpa.

¡Se te ha dado el don de la vida!

¡Un día más!

¡Un día más!

¡Siente el desvarío de la libertad!

— Jeff Foster

INDICE

INTRODUCCION 11

SENTIRSE ATASCADO 13

LO EXTRAORDINARIO 21

EN QUÉ CREEMOS 29

LA PASION 37

LA ACCION 45

AGRADECER CADA DIA 53

CAMBIE SU MENTE 63

CONCLUIMOS 71

INTRODUCCION

He escrito este libro como una forma de documentar las estrategias que me ayudaron a vivir una vida más feliz y más exitosa. Durante años, el asunto invariable en mi vida era que me sentía atrapado, abrumado y haciendo de los auténticos problemas más grandes de lo que realmente eran. He descubierto hasta aquí que modelando mi forma de pensar me ha ayudado enormemente en el logro de mis metas y disfrutar de la vida que vivo.

Incluso cuando tenemos circunstancias muy reales y desafiantes en nuestra vida, la conquista de la mente es la forma garantizada para hacer estos problemas más fáciles de tratar. Estoy constantemente estudiando el desarrollo personal, y controlar la perspectiva es un tema que las personas más exitosas comparten.

A partir de los próximos siete capítulos desarrollaremos el tema detalladamente.

El libro describe los desafíos más comunes y sus creencias limitantes, ayuda a identificar los sistemas de creencias que usted tiene y le proporciona ejercicios y pasos de acción para alcanzar sus objetivos de éxito.

Si usted no está en un lugar o en un momento adecuado para llevar a cabo los pasos de acción de cada capítulo, los cuales son fundamentales para comenzar a cambiar sus hábitos y forma de pensar, lo animo a desarrollar estos ejercicios cuando se sienta preparado. Cada capítulo será un paso hacia su vida exitosa, por lo que asegúrese de hacer los pasos en orden y con suma integridad. Usted verá más adelante que si fue justo con lo que sentía en el momento de hacer los ejercicios reflejara de mejor manera su situación actual, y así podrá cambiar radicalmente su futuro.

1

SENTIRSE ATASCADO

Cuando sentirse atascado es algo bueno...

Pregunta rápida:

¿Usted está leyendo este libro porque se siente atrapado?

Uno de los comentarios más comunes que escucho, en todo momento y lugar, y distintos ámbitos donde me desarrollo, son de personas que dicen sentirse atrapadas.

He estado allí. He vivido allí. Sintiéndome atrapado, y estando muy inseguro de cuándo, o si, las cosas iban a mejorar. Sabiendo que debía hacer un movimiento, pero sin saber cuál debía ser ese movimiento.

¿Le suena familiar?

Solía decirme a mí mismo constantemente afirmaciones que comenzaban con:

Voy a ser feliz cuando...

Voy a estar más seguro una vez que...

Voy a empezar mi vida real cuando...

Me gustaría hacer eso, pero...

Estaba constantemente posponiendo mi felicidad, mi éxito y el disfrute de mi vida. ¿Pero por qué?

La triste verdad es que yo creía que necesitaba calificar para tener derecho a esa felicidad que anhelaba. Me sentía como que tenía que tener otro negocio o necesitaba mejorar otras circunstancias antes de que pudiera sentirme mejor.

Me resistía a disfrutar de mi vida hasta que sintiera que había ganado, algo. En ese momento, no tenía idea de que estaba creando mis propios obstáculos para el éxito.

Ahora, las buenas noticias son estas: reconociendo que se siente atrapado o atascado y haciendo algo al respecto (como leer este libro) suele ser uno de los primeros pasos para hacer cambios y mejoras en su vida.

Déjeme decirle algo que podría sorprenderlo: sentirse atrapado es una buena cosa, aunque parezca que no.

¿Por qué? Porque significa que usted es consciente de que hay un problema que hay que superar, algo que está esperando antes de llegar a "destrabarse".

Por lo general, estas creencias tienen algún tipo de categorización. Estamos esperando a que pase algo y una vez que pasa mereceríamos alcanzar nuestras metas.

Estas creencias no nos ayudan, pero pueden sentirse inmensamente ciertas. No podemos imaginar lo que realmente queremos que nos suceda. También podemos anticipar problemas. Algunas de mis creencias definidas se veían así:

> *Voy a ser feliz cuando... encuentre mi llamado.*

> *Voy a estar más seguro una vez que... mi piel se mejore.*

> *Voy a empezar mi vida real después... de que haga más dinero.*

> *Me gustaría hacer eso, pero... ya se ha hecho antes.*

Lo que he encontrado es que, a menudo, todo lo que necesitamos para superar un problema o conseguir que se "destrabe" es una perspectiva diferente.

Se trata de identificar el problema y desafiar los hechos detrás de él.

¿Es verdadero el obstáculo?

¿Son mis creencias realmente ciertas?

¿Progresar va a ser tan duro como yo pienso?

¿Me estoy ubicando en mi propio camino?

¿Si los retos que estamos prediciendo suceden realmente, va a ser capaz de adaptarse y ajustarse a responder a esos retos o sin duda va a fracasar?

Déjeme decirle algo que probablemente ya sabe: La mayoría de los "peores escenarios" que nos preocupan nunca suceden.

Eso no significa que no va a experimentar desafíos – lo hará. ¡Y usted debe darles la bienvenida! La verdad es que cuando superamos retos, nos volvemos más fuertes y más capaces. Los desafíos hacen que la vida sea interesante y superarlos hace la vida significativa.

En pocas palabras: los desafíos sólo se convierten en problemas cuando los definimos de esta manera.

Comenzamos con los primeros ejercicios, los pasos de acción de esta primera etapa:

- Identifique sus dogmas personales.
  - ¿Qué está esperando?
  - ¿Qué necesita exactamente resolver antes de seguir adelante?
  - ¿Qué circunstancias específicas están haciendo que se sienta atrapado?
- Desafíe las afirmaciones anteriores.
  - Haga una lista de excepciones a las "reglas" que usted mismo ha creado.
  - Haga una lista de personas que han convertido circunstancias similares en algo mejor como ejemplo de contradicción a sus creencias.
  - Muestre a un amigo o escríbase una nota a sí mismo como si fuera un amigo. ¿Es su realidad tan trágica como parece?
- Identifique su situación ideal, también conocido como "dónde desearía estar".
  - Haga esto como usando una varita mágica, como en un cuento de hadas, como un genio que lo transporta automáticamente a su situación ideal.
  - Anótelo, y sea lo más detallado posible con su descripción.

Es recomendable que escriba cada detalle de este ejercicio y todos los ejercicios siguientes, con fecha y orden correspondiente, y lo coloque en un cuaderno de su propiedad destinado a este fin. Usted no imagina cuan reveladoras se tornan las circunstancias cuando después de varios ejercicios vuelve atrás y relee sus primeros pasos.

Una cosa muy importante: no espere el día, o algún día para empezar, hágalo ahora y salga a conseguir lo que desea.

Puede que ahora mismo no sea el momento perfecto, y puede que tenga mucho con lo que luchar, y seguramente puede ser que no tenga la más mínima idea de cómo cambiar su vida ahora mismo.

Debe estar tan sobrepasado con sus circunstancias actuales y su situación y todas las decepciones y rechazos y fracasos constantes.

Puede que se esté sintiendo abatido en cuanto a cómo las cosas están sucediendo ahora y cuánto pareciera que llevara ver cambios en su vida.

Yo sé exactamente cómo se siente eso, pasé mas días de mi vida sintiéndome de esa manera que lo que me gustaría compartir, pero le prometo esto, quien es usted ahora y como se ve su vida ahora mismo no es definitivo, y no es en todo lo que se va a convertir.

No tiene que seguir rezando, esperando y deseando por un día o algún día, solo tiene que levantarse y hacer este día el día en que cambie su destino y deseche el manual de las reglas instauradas y luche para salir de su averno personal.

Hoy, no tiene que seguir haciendo lo que venía haciendo, puede cambiar y puede dejar de esperar y empezar a crear la vida que quiere y empezar a convertirse en todo lo que siempre quiso.

Nadie va a volar dentro de su casa usando una capa para rescatarlo, o darle un cheque para cambiar su vida, esta responsabilidad es suya y hoy sólo tiene que dejar de desear y empezar a tomar acción para librarse de todo lo que lo está atascando y empezar a moverse exactamente hacia donde quiere.

2

LO EXTRAORDINARIO

Cualquier acción es a menudo mejor que ninguna acción, especialmente si ha estado atrapado en una circunstancia muy infeliz desde hace mucho tiempo.

Si comete un error, al menos aprende de algo, en cuyo caso ya no es un error. Pero si permanece atascado, no aprende nada.

— Eckhart Tolle

Comenzamos el primer capítulo con una evaluación de nuestra situación actual. En esta etapa usted armó tres listas:

1. Todo lo que piensa que lo detiene o que lo limita para que avance hacia su destino de éxito.

2. Una lista de afirmaciones que desafían a cada elemento de la lista anterior.
3. Una descripción detallada de su situación ideal.

Reflexiones sobre el Capítulo 1

- *Cada uno se siente atrapado o atascado en algún momento de su vida.*
- *El reconocimiento de que uno está atascado es a menudo el primer paso para hacer un cambio de vida duradero.*
- *Identificar por qué se siente atrapado y desafiar las llamadas "verdades" nos puede decir mucho acerca de lo que pensamos de nosotros mismos y de nuestra situación.*
- *Ahora debe tener a mano las tres listas que describen su situación desde tres puntos de vista diferentes.*

La primera lista es representativa de nuestras circunstancias actuales, los miedos y las vicisitudes que creemos que tienen que ocurrir antes de que podamos empezar a vivir realmente.

Vamos a llamar a esta lista <u>Creencias Limitantes</u>.

La segunda lista es representativa de todo en lo que podemos estar equivocados, esta lista debe crear al menos una sombra de duda acerca de los problemas percibidos que creemos que son verdad.

Vamos a llamar a esta lista <u>Evidencia Contradictoria</u>.

La tercera entrada puede ser más difícil de escribir, especialmente si hemos estado solamente pensando en nuestra situación desde el cristal de las Creencias Limitantes. Puede que lo sorprenda que la tercera lista sea en lo que vamos a centrarnos actualmente. Este enunciado hace caso omiso de la realidad y nos dice exactamente lo que queremos. Es la situación de ideal y con lo que vamos a dar forma a nuestros objetivos.

Vamos a llamar a esta entrada <u>Lo Extraordinario</u>.

Cuando me sentía más atascado en mi vida me engañaba a mí mismo pensando que esa era la forma que tenía que ser, o que esa era la forma en que iba a ser siempre, y que no había cambio posible.

Yo pensaba que estaba siendo realista, que tenía todos los hechos y que esa era la forma en que iba a ser justamente siempre.

¿Correcto? ¡No! Incorrecto.

Lo más divertido de la realidad es que se la puede crear a medida que uno avanza.

Ser realista es el camino más comúnmente tomado hacia la mediocridad. No era realista entrar en una habitación y accionar un interruptor y que las luces se enciendan. Eso era poco realista, pero afortunadamente Edison creyó en lo contrario. Era poco realista pensar de que se iba a dar forma a un trozo de metal y que la gente iba a volar sobre el océano. Eso era poco realista, pero afortunadamente los hermanos Wright y otros no lo creyeron así.

Reflexionando sobre esto ahora, me doy cuenta de que cuando me decía a mí mismo que estaba siendo realista, era que estaba viviendo a través de mis Creencias Limitantes, y que en realidad estaba asustado.

Yo me auto engañaba con razones falsas por las que no podía ser o hacer Lo Extraordinario.

¿Esto le suena a algo que ha hecho antes?

Si esto así, este es un buen momento para mirar la Evidencia Contradictoria.

Acuérdese de todos los ejemplos de personas que han vuelto sus realidades aparentemente sin esperanza en todo lo contrario. Dese ánimo a sí mismo, como si le hablara a un amigo, de por qué ser excepcional y por qué puede hacer y ser más. ¿Por qué? ¡Porque puede hacer y ser más!

Estos son los pasos de acción de este apartado:

- Mire su tercera lista y decida que va a convertirse en Lo Extraordinario. Simplemente tome la decisión.
    - *No necesita saber cómo va a hacerlo en este momento, sólo tiene que decidir que lo quiere. Confíe en mí en esto. Las decisiones realizadas intencionalmente y conscientemente son inmensamente poderosas.*
- Escriba tres metas que lo acerquen más a Lo Extraordinario.
    - *Estas metas no tienen que ser algo grande o innovador, o sí. Podrían ser algo tan simple como: "Voy a meditar cada mañana". Siéntase libre de escribir metas más grandes también, simplemente manténgalas simples y cortas. Los dos únicos requisitos al escribir sus metas son que se sientan bien cuando las piense y que lo animen.*

No tiene que ser demasiado técnico en la manera de dar forma a sus objetivos. La forma correcta de escribir estas metas es la forma en que sea más significativo para usted. Y recuerde, las metas que escriba tienen que encender una llama dentro de usted.

En algún punto tiene que dejar de jugar juegos consigo mismo y dejar de simular que tiene metas y sueños, y de una vez decidir exactamente qué es lo que quiere para su vida.

Tiene que dejar de entretenerse con sus ideas salvajes y sus pequeños proyectos y comprometer su ser completo a una visión de vida por la que esté preparado para luchar cada día.

Si no sabe exactamente qué es lo que quiere entonces ese es probablemente su primer problema, y no se atreva a culpar a nadie más por no saber lo que usted quiere, está en usted.

No hay excusas por no saber lo que quiere para sí mismo y para su vida, y si no puede elaborarlo lo suficiente entonces hágalo la prioridad número uno por sobre todas las cosas en su vida.

Una vez que haya elaborado cómo quiere que se vea su vida y exactamente cómo va a ser, es su misión saber exactamente cómo va a llegar allí y hacerlo realidad.

Los días de simplemente desear, esperar y soñar se terminaron, mejor tenga un plan y algunas estrategias e investigaciones para respaldar su plan y visión de vida.

Con el desarrollo de este libro estamos empezando a lograr cambiar el rumbo y comenzado a ver que el plan devendrá de sus pasiones.

No importa que está pasando en su vida o donde está ahora mismo, tiene que saber siempre que es lo que quiere y como lo va a conseguir.

La claridad es el poder y es esa claridad la que lo va a salvar de perder su tiempo, dinero y energía en las áreas equivocadas de su vida.

3

EN QUÉ CREEMOS

Repasemos el Capítulo 2:

• En la fase anterior tomó la decisión de que va a crear la vida que desea y convertirse en Lo Extraordinario.

• También ha asentado tres objetivos que lo llevarán más cerca de su situación deseada. Si no ha dispuesto estos pasos de acción todavía, por favor, hágalo antes de continuar.

NOTA:

Literalmente no puedo enfatizar suficientemente lo importante que es escribir sus metas y las cosas que desea ser, hacer o tener en la vida. No sólo en este libro, sino por el resto de su vida. Prácticamente todos y cada uno de los objetivos, sueños o deseos que yo he escrito para mí, finalmente se han hecho realidad. Hay algo poderoso acerca de escribirlos. ¡Es como pedir a la carta en el restaurant de la vida! Por eso mismo mi sugerencia de tener para usted mismo un cuaderno donde volcar cada fase de ejercicios de este libro. No lo olvide. No se distraiga. Está formando su futuro.

Ahora, vamos a emprender la reflexión de esta etapa, vamos a hablar acerca de sus creencias.

Sus creencias son en gran parte responsables de la forma de percibir el mundo a su alrededor y de cómo define sus experiencias de vida.

Por ejemplo, si usted cree que la gente es inherentemente mala y que trata de hacerle daño, ese es el filtro a través del cual va a experimentar la vida. Y esto literalmente se convertirá en su realidad.

Por otro lado, si usted piensa que la gente es afable, cordial y colaboradora, este es el tipo de realidad que tenderá a experimentar.

Esto es sólo un ejemplo de cómo una creencia puede afectar su vida día a día. Considere el hecho de que tiene cientos, incluso miles de creencias, todas trabajando para crear su versión del mundo como lo ve. ¿Sorprendente no es así?

Esto es a lo que se refiere la frase "la percepción es la realidad".

Hoy en día, mantenga esta frase en mente: Sus creencias dan forma a su experiencia de vida.

"La realidad es simplemente una ilusión, aunque una muy persistente."

— *Albert Einstein*

Otra cosa que es muy importante entender acerca de las creencias es que se auto-perpetúan y se auto-apoyan.

¿Qué significa esto?

Esto significa que cuanto más se cree en algo, más su cerebro encuentra evidencia en su vida de que esas creencias son verdaderas.

Permítame proporcionarle una analogía:

¿Alguna vez ha aprendido una nueva palabra de que no había oído antes y poco después de enterarse de ella, usted comienza a verla o escucharla en todas partes?

Es algo parecido con las creencias.

Su cerebro se vuelve inconscientemente "preparado" para ver lo que se cree que es verdad o importante. Esto es lo que quiere decir la frase "Los ojos ven sólo lo que la mente está preparada para comprender."

Una experiencia personal que tengo con esto fue cuando era más joven y luchaba con una piel muy enferma, como tantos otros jóvenes, con el acné. Me faltaba confianza en mí mismo y cuando veía a la gente que me miraba yo creía que me estaban juzgando negativamente.

Una vez que mejoré mi autoestima, consideré que las personas me miraban positivamente, porque me sentía más atractivo. El punto es que pude haber optado por tener la segunda creencia desde el principio y la percepción de esas miradas como positivas todo el tiempo.

Esto nos enseña que las personas pueden cambiar sus creencias en su totalidad, incluso hasta el punto de contradecir sus creencias anteriores, y cada vez que genuinamente establezcan que sus creencias son correctas. Y lo son para ellas.

Así que ¿por qué estoy hablando de esto?

Porque quiero que entienda dos conceptos muy importantes:

1. Usted tiene el poder de ELEGIR sus creencias

2. Usted debe elegir las creencias que lo faculten en lugar de limitarlo.

Las creencias no son inherentemente buenas o malas. Las creencias de una persona no son necesariamente mejores que la de otro. Una creencia que cause temor en una persona puede llegar a motivar a otra persona.

Y no se trata de lo que es verdadero o falso, se trata de lo que usted elija verdaderamente por sí mismo.

Entienda que cuando uno cree en algo con todo su corazón y con su mente, lo trae a la vida.

La buena noticia es que es muy fácil de cambiar una creencia. Sólo hay tres pasos:

1. Identificar la misma. Una vez que reconoce la creencia que está fuera de línea con lo que realmente es o quién quiere llegar a ser, ese es el final de esa creencia. No hay otro proceso necesario para deshacerse de ella. Piense en las creencias limitantes como vampiros. Al brillar la luz sobre ellas, mueren al instante.

2. Reemplazarla con una nueva creencia que está más en concordancia con lo que desea.

3. Aceptar la nueva creencia como suya propia tan fácilmente como había aceptado la creencia anterior (que probablemente ni siquiera fue el suya, para empezar, y que probablemente la haya heredado de otra persona).

Para continuar le presento los pasos de acción de este capítulo:

Pasos de Acción I

- Piense en un área de la vida donde se sienta atrapado o trabado. Identifique al menos una creencia que está limitando su progreso en esa área. Puede ayudar si usted se pregunta esta poderosa pregunta: ¿Qué tendría que creer que es verdad con el fin de seguir experimentando esta realidad?

- Una vez que sea consciente de la creencia o las creencias limitantes que tienen relación con este tema, escríbalas en un papel. A continuación, utilizando los tres pasos descritos anteriormente, adopte creencias nuevas y empoderadoras que apoyen su progreso en esta área de su vida.

- Una vez que haya hecho esto, queme el papel en el que escribió sus viejas y limitantes creencias (o tírelas por el retrete). Esto puede sonar tonto, pero en realidad se siente muy bien y realmente ayuda a deshacerse de las viejas creencias de su mente subconsciente.

Pasos de Acción II

- Escriba una lista de al menos tres razones por las que cree absolutamente que puede lograr sus metas y tener la vida que desea. ¡Aun cuando en realidad no lo crea, no obstante, sea creativo y escriba la lista de todos modos!

- Si alguna vez ha escrito (de seguro sí, si está leyendo esto ahora mismo) un Curriculum Vitae, me imagino que sabe cómo pintar una hermosa (y a veces embellecida) imagen de sí mismo y de sus logros. Utilice este mismo proceso para obtener razones por las que sin duda va a lograr sus objetivos. Una vez hecho esto, ponga esta lista en algún lugar donde la vea todos los días (refrigerador, espejo, etc.). Volveremos a esta lista más adelante.

Con este espectro, espero que tenga una mejor comprensión del papel que las creencias desempeñan en la conformación de su realidad.

Cada pensamiento que pensamos está creando nuestro futuro.

Como seres humanos tenemos el poder de movernos hacia lo que nos enfocamos, y en lo que elegimos en enfocarnos nos convertimos y atraemos a nuestra vida.

Es fácil de desestimar el poder de nuestros pensamientos, pero cada idea que pensamos y cada sentimiento que sentimos crea un flujo de energía que toca nuestra alma y nos mueve a nosotros y a nuestro ser completo hacia lo que realmente le hayamos dado poder.

Cada pensamiento que pasa por nuestra mente, cada palabra que decimos y cada sentimiento que sentimos nos moldea y moldea nuestro futuro.

Elija cuidadosamente y sabiamente sus pensamientos y sólo dele energía a esas cosas en su realidad que lo empujan hacia su más bello y amoroso ser.

4

LA PASION

"Lo que lo apasiona no viene del azar. Está conectado a su destino. Sígalo."

Esta es mi precepto favorito y probablemente la más importante enseñanza de este libro entero. Es el concepto que ha hecho el mayor impacto positivo en mi vida.

También me ha ayudado a averiguar lo que debo hacer con mi vida, tanto sobre una base diaria como en el sentido "más amplio".

Es el concepto de actuar sobre su pasión.

Esto puede sonar como una idea muy elevada o muy liviana, pero le doy mi palabra, no lo es. Voy a entrar en detalle de exactamente por qué y cómo se debe actuar en su ímpetu, y lo que significa en realidad en términos prácticos.

Pero antes de incorporarnos en eso, permítame primero contarle acerca de un tiempo en que me sentí perdido y carente de propósito, y de cómo encontré el significado y la emoción a mi vida y a mi trabajo.

Vamos a retroceder hasta hace unos años atrás. Yo estaba yendo y viniendo entre trabajos y realmente no tenía un plan o no sabía exactamente lo que quería hacer, pero yo sabía que quería algo diferente y que no quería trabajar para otra persona toda mi vida. No estaba contento y sabía que necesitaba cambiar algo.

Desde que conocí el concepto de espíritu empresarial o entrepeneurismo y de marketing en internet, me fascinó la idea de trabajar para mí y para la creación de algo que impactara positivamente en el mundo.

Sólo había un problema... yo todavía no había descubierto exactamente qué quería decir eso o cómo iba a hacerlo.

Así, con un montón de tiempo libre en mis manos, recurrí a la lectura de libros de desarrollo personal para ayudar a mantener mi mente positiva, siendo uno de ellos un libro clásico y de muchísimo éxito, "Piense y Hágase Rico" de Napoleón Hill (Think and Grow Rich).

Estaba teniendo problemas para concentrarme, o poniendo el foco en varias opciones a la vez, y sabía que debería haber hecho más cosas "significativas" o "lógicas" para iniciar el camino hacia mi meta de trabajo por cuenta propia, como:

Encontrar un plan de negocios

O lanzar un producto

O hacer estudios de mercado

Pero lo único por lo que me sentía entusiasmado o forzado a hacer era leer.

Y lo estaba disfrutando íntegramente.

Luego, durante una de mis sesiones de lectura, una idea vino a mí. Tan pronto como se me había ocurrido, sentí una innegable sensación de conmoción... casi como si estuviera siendo arrastrado por ella, en lugar de tener que esforzarme para hacerlo.

La idea era la siguiente: yo iba a organizar mis citas favoritas del libro que estaba leyendo en una cuenta de Instagram (algo que ahora abunda en ese medio y en todos los medios).

En ese momento, parecía atractivo y divertido para mí, aunque no tenía ni idea de por qué. Lo que es importante es que yo estaba realmente excitado por ello.

Así que empecé a hacerlo, y me trajo un poco de esperanza en un momento especialmente difícil en mi vida.

Así que continué haciéndolo.

No porque pensé que iba a hacer dinero con ello.

No porque otras personas lo quisieran.

Solo porque yo quería.

Y entonces pasó algo que nunca esperé que suceda, y sucedió. La gente lo comenzó a notar. A otros usuarios les gustaba lo que estaba haciendo y comenzaron a seguirme y a comentar con retroalimentación positiva.

Resultó que el contenido que escribía para inspirarme a mí mismo también inspiró a otros.

Volviendo al presente he creado una plataforma que me ha permitido proporcionar servicios de consultoría y marketing para otras marcas y empresas para ayudarles a hacer crecer su audiencia.

También me ha abierto las puertas a muchas oportunidades interesantes que están alineadas con las cosas que me gusta hacer, como por ejemplo escribir y lanzar este libro y otros, toda vez que proporciona seguridad financiera para mí y para mi familia.

Pero no olvidemos que esto comenzó conmigo actuando sobre mi pasión.

Entonces, ¿cómo puede aplicar este concepto a su propia vida inmediatamente? Eso es exactamente lo que vamos a aprender en la próxima sección: "Comience con algo, pequeño o grande, pero actúe ahora".

Paso de Acción:

Haga una lista de las cosas que lo han entusiasmado hacer en el último mes (no importa qué tan irrelevantes puedan parecer con mira a sus objetivos).

En cuanto a la lista, ¿sobre cuántas de estas cosas ha actuado?

Escriba.

Cada vez que le otorga vida a sus miedos sofoca a sus sueños.

Inspire vida a sus sueños y a sus metas y a todo lo que realmente quiera en su vida.

Cada vez que permite que entre algo negativo, miedo, duda y frustración a su vida le da a esas verdaderas emociones y sentimientos lo que está tratando de evitar en su vida y en su energía.

Su enfoque determina constantemente a lo que le da vida y a lo que sofoca y es imposible hacer ambas cosas al mismo tiempo en todo momento.

O bien puede sofocar sus sueños enfocándose en lo que es negativo, o dar vida a sus sueños enfocándose en lo que es posible, lo que es positivo y lo que puede hacer.

Enfóquese en lo que lo enciende, en lo que lo apasiona.

5

LA ACCION

¿Alguna vez se ha preguntado alguna de estas preguntas?

Hay tantas cosas que podría hacer ¿Cómo decidir por dónde empezar?

¿Cómo puedo encontrar mi pasión?

¿Cuál es mi propósito?

Este tipo de preguntas me importunó durante mucho tiempo.

Lo que he descubierto de la observación y de la experiencia en mi propia vida es que actuando sobre lo que me apasiona ha sido el camino más corto para manifestar lo que quiero y crear una vida que amo. También he encontrado que todo el frenesí parece estar conectado y tiende a conducir a toda otra revolución.

Cuando hablamos de estar "excitado" en este contexto, no estamos hablando necesariamente de saltar de arriba a abajo con alegría. De hecho, por lo general no es tan obvio, sino más bien es un sentir interno de ser "arrastrado" a hacer algo.

Para que quede claro, cuando digo "excitación" me refiero también a las emociones de la pasión, felicidad, alegría, etc.

Estas cosas que apasionan no tienen ser "grandes cosas", como la elección de carrera o proyectos absorbentes. De hecho, por lo general no lo son. Pueden ser tan simples como tener un encuentro con un amigo o ir a dar un paseo.

Puede ser difícil para muchas personas reconocer las cosas que realmente les apasionan porque las han ignorado y suprimido durante tanto tiempo en nombre de ser "práctico" o "responsable".

Actuando sobre las pequeñas cosas de todos los días que le traen alegría es una manera de simplificar este proceso y desarrollar sus músculos de "excitación" para que pueda aprender a reconocer más fácilmente las cosas por las que se siente atraído.

Pero aún más importante, el empezar poco a poco lo llevará a las cosas "más grandes y más importantes" que están más claramente conectadas a su pasión y, en última instancia, a su propósito.

Por lo tanto, ingrese en el hábito de reconocer y actuar sobre las pequeñas cosas a las que se siente llamado.

Mírelo de esta manera: Si no está dispuesto a actuar sobre las pequeñas cosas que lo apasionan en este momento, ¿qué lo hace pensar que actuará en el futuro sobre cosas más emocionantes y más grandes?

Aquí hay un conjunto muy simple de pautas para ayudarle realmente a poner este concepto en acción en su propia vida:

- De todas las opciones disponibles para usted en cualquier momento dado, tome la decisión sobre lo que más lo apasiona y sobre lo que tiene mayor capacidad para tomar una decisión.
- Cuando pueda tomar una decisión sobre algo más allá, mire a su alrededor por la próxima cosa más excitante sobre la que tenga la mayor capacidad para actuar y luego hágalo – sea lo que sea. REPITA ESTE PROCESO.

Dos advertencias importantes:

Debe hacerlo con integridad y con nulas expectativas sobre los resultados.

¿Qué quiero decir con hacer esto con integridad?

Me refiero a ser radicalmente honesto consigo mismo acerca de lo que realmente lo apasiona y aprenda a distinguir entre estas cosas y las cosas que no son más que cómodas, o peor, una distracción de lo que en realidad lo apasiona por temor a no "tomar acción".

¿Qué quiero decir con tener nulas expectativas?

Quiero decir que lo hace por ninguna otra razón que porque se siente bien. Se lo merece. No hay que olvidar que la finalidad primordial de la vida es disfrutarla.

Usted sabrá cuando lo siente porque es una emoción auténtica e innegablemente positiva que siente interiormente.

Ejemplo:

"Realmente me gustaría pintar un cuadro hoy".

¡Hágalo!

Usted puede pensar que no tiene tiempo suficiente para actuar sobre las cosas que lo apasionan.

Sí lo tiene. He aquí por qué: Recuerde que usted no tiene que comenzar una nueva carrera o comenzar un proyecto absorbente que ocupe sus noches y fines de semana (aunque ciertamente puede si lo desea).

En su lugar, empiece con pequeñas cosas aparentemente "insignificantes" por las que se sienta atraído. Actúe sobre las actividades de "día a día" y de "momento a momento" que considere que lo llaman. Recuerde, usted es atraído a ellas por una razón, incluso si usted no sabe cuál es la razón por el momento.

Pasos de acción de esta etapa:

Considere todas las opciones disponibles para usted en este mismo momento. De hecho, después de haber terminado esta frase, deje de leer y tome dos minutos para pensar en todas las actividades en que podría razonablemente comprometerse dentro del plazo de los cinco a diez minutos próximos, y luego vuelva a esta página. Haga esto ahora.

Ahora, aparte de todas las cosas que se le acaban de ocurrir, ¿cuáles son los dos que son más emocionantes de hacer o que parezcan más atractivas? No le estoy pidiendo las que piense que debería hacer, le estoy pidiendo cuál desea hacer. ¿Ha pensado en dos cosas? Si es así, siga leyendo. Si no es así, establézcalas en primer lugar.

Ahora, de estas dos opciones, ¿sobre cuál es la que tiene la mayor capacidad para tomar medidas en este momento dentro de los próximos cinco a diez minutos?

Vaya y haga eso ahora.

Obviamente, no descuide sus responsabilidades y obligaciones legítimas. Y no deje su trabajo actual para seguir una afición que le ha interesado.

El objetivo de este ejercicio es trabajar en hacer su propia felicidad una prioridad, haciendo las cosas que le traen alegría cada día.

Hacer esto lo pondrá en un estado que atraerá a usted circunstancias, personas y oportunidades y que a su vez lo ayudarán a descubrir qué hacer con su tiempo y energía y, eventualmente, lo guiarán a su propósito.

Un progreso lento es mejor que ningún progreso en absoluto.

Usted se mantiene parando y arrancando.

Se mantiene cambiando de dirección cuando las cosas se ponen un poco difíciles.

Entonces se pregunta por qué no está haciendo un progreso real en su vida.

El secreto de salir adelante en la vida es siendo consistente y mantenerse constantemente moviéndose hacia adelante sin importar lo que esté sucediendo en su vida y sin importar lo duro que eso pueda parecer.

Un progreso lento es mejor que ningún progreso en absoluto. No se preocupe de no estar viendo los resultados ahora, porque la verdad es que si se compromete consigo mismo a progresar y mejorar cada y todos los días, los resultados aparecerán.

☐

6

AGRADECER CADA DIA

¿Cómo saber si es exitoso?

Esta es una gran noticia. Si está leyendo todavía, significa que usted ha leído hasta aquí cinco capítulos de este libro. Hacerse de tiempo libre para mejorarse a sí mismo y su vida no es poca cosa, es impresionante.

Hasta ahora, en esta gestión hemos aprendido:

- Cómo sentirse atrapado o atascado puede ser un importante indicador para hacer un cambio.
- Cómo realizar y establecer metas de la manera más inteligente.
- Cómo elegir creencias empoderadoras.
- Cómo las pequeñas acciones que tomamos todos los días pueden generar grandes mejoras.

- Cómo hacer que su propia felicidad sea una prioridad haciendo las cosas que le traen alegría cada día.

Sé que estas no son pequeñas estrategias. Confíe en mí, usted mejorará cuanto más las practique y las incorpore en su propia vida.

Puede parecer que ejecutarlas sea muy difícil, pero sepa que con el tiempo estos pasos se convertirán en un hábito.

Tampoco puede sorprenderlo que los pasos anteriores sean temas recurrentes en todo el libro.

Por lo tanto, ¿qué haría si sus circunstancias no le permiten que sea feliz o exitoso?

¿Qué pasaría si necesitara cambiar sólo "una cosa" para que su vida y su forma de pensar mejoren?

¿Le suena familiar? He estado allí. He vivido allí.

En el pasado reciente, he sido responsable de "adicción al destino" - la idea de que la felicidad o el éxito se encontrarán una vez que alcance esta "cosa más" o me encuentre con una persona en particular o me traslade a un nuevo lugar.

Yo estaba haciendo que mi autoestima, tranquilidad y felicidad dependan de mis objetivos. Y eso era destructivo.

¿Por qué?

Porque yo insistía en decirme que sería feliz una vez que el próximo objetivo se lograra. Una vez que el siguiente cambiara todo sería mejor. Era un ciclo.

Por favor, no me malinterprete, es muy bueno tener metas y cosas que quiera ser, hacer y tener. Es una cosa maravillosa para estar en el proceso de creación y convertirse en algo más grande.

Pero dese cuenta de que es todo lo que es, un proceso. No es un destino.

La verdad es que nunca llegaremos completamente. Aprendemos y crecemos cada día. Esa es la belleza de la vida.

Pero si usted hace que su felicidad dependa únicamente de logros, es probable que nunca sea feliz porque la mente humana tiene una tendencia a ir un paso más allá de lo que ya ha hecho.

Traducción: Usted siempre será un trabajo en progreso.

Ahora me doy cuenta de que cuando yo estaba haciendo esto, estaba inadvertidamente privándome del simple placer de ser feliz ahora y no reconocía cómo yo ya era exitoso.

Dependiendo de su forma de pensar, se puede optar por tener siempre un obstáculo o un peligro para ocuparse, o si lo desea, puede optar por ver que siempre hay algo por lo que agradecer en el presente.

La verdad es que hacer que su felicidad dependa únicamente de circunstancias externas es un juego perdido. No son los logros reales por si mismos lo que lo harán feliz, sino lo que estos logros representan en su mente.

Hay personas que logran todo lo que se propusieron lograr, sin embargo, todavía no están contentos. Yo era una de esas personas.

Si pudiera llegar a hacer esto, entonces sin duda puede hacer lo contrario y ser feliz antes de lograr lo que desea; todo está en la forma de pensar.

Esto puede ser más fácil decirlo que hacerlo, pero usted puede hacerlo. Ya ha llegado hasta aquí. Las herramientas y estrategias que ha aprendido en este libro lo ayudarán a hacerlo.

Debo añadir: hay una gran diferencia entre ser complaciente y ser feliz y agradecido por lo que ha logrado hasta ahora.

Puedo decir ahora que si usted es alguien que invierte su tiempo leyendo y aprendiendo para mejorar su forma de pensar, usted no es complaciente.

Sin embargo, hay un equilibrio. Querer mejorar es maravilloso. Pero igual es darse crédito a sí mismo por dónde se encuentra ahora y el reconocimiento de lo lejos que ha llegado.

El pensamiento más común de la gente es alguna versión de "sólo quiero tener éxito".

Ahora le pregunto, ¿no tiene ya éxito? Piense en las veces en su vida donde se ha impresionado a sí mismo.

Tal vez ha manejado bien los conflictos, consolado a alguien, o ha ayudado a resolver un problema. Tal vez se haya asegurado de que sus hijos sepan que son amados diariamente. ¿No es eso ser exitoso?

Usted tiene éxito, AHORA.

Siempre estaremos en el camino hacia la mejora. Estoy seguro de que nunca lo sabremos todo. Pero me he dado cuenta de que la celebración de los pequeños triunfos trae otros más grandes a nuestro camino.

"Reír a menudo y amar mucho; ganar el respeto de personas inteligentes y el afecto de los niños; ganar la aprobación de los ciudadanos honestos y soportar la traición de falsos amigos; apreciar la belleza; encontrar lo mejor en los demás; dar de uno mismo; dejar el mundo un poco mejor, ya sea por un niño sano, un pedazo de jardín o una condición social redimida; haber jugado y reído con entusiasmo y cantado con júbilo; saber incluso que una vida ha respirado más fácil porque usted ha vivido – esto es haber tenido éxito".

— Ralph Waldo Emerson

Pasos de acción:

Durante los siguientes siete días, cada mañana cuando se despierte o cuando se vaya a la cama por la noche, anote tres cosas que usted aprecia en su vida ahora mismo, tres cosas por lo que usted está agradecido.

Incluso si no los anota físicamente, aunque lo recomiendo enormemente, piense en ellos cuando se esté preparando para comenzar su día o relajándose para ir a la cama. Estas no tienen que ser necesariamente grandes cosas.

Sea lo que sea por lo que esté agradecido, escríbalas o piense en cada una de ellas por unos momentos. Este ejercicio sólo le debe tomar alrededor de tres a cinco minutos, pero el efecto que puede tener en su vida es asombroso. Observe cómo afecta inmediatamente su estado de bienestar y la trayectoria de su día.

Es mi opinión de que el universo no sólo, sino que debe proporcionar lo que concibe. Así que si usted se queja de lo que falta en su vida, incluyendo el dinero que usted cree que le está faltando, se le ofrecerán experiencias que responden a esa energía. Cuando usted dice, "Me encanta mi trabajo, pero nunca me haré rico en él," se está alineando con una frecuencia que le dará lo que usted piensa. Es por esto que, en mi opinión, a menudo los ricos se hacen más ricos. Ciertamente ha sido cierto para mí desde que salí de la pobreza en la que estaba hace unos 60 años.

Al estar centrado en lo que tengo la intención de crear, al creer que el universo es proveedor de todo, y sabiendo que soy digno de la beneficencia ilimitada de la fuente del ser, yo sigo atrayendo la prosperidad a mí. Y por estar sin ataduras a lo que se presente, lo que significa que no tengo ningún deseo de más y más, es que soy capaz de dejarlo ir fácilmente. Lo que sigue siendo un misterio para muchos sigue siendo una verdad simple para mí.

Permanezca en un estado de gratitud, y deje que el impresionante todavía inexplicable Tao proceda, a no hacer nada y sin embargo no deje nada sin hacer. En lugar de pedir más, lo que implica la escasez y, por lo tanto, crea un estado de vibración de más escasez, enfóquese en lo que tiene y lo agradecido que está por todo lo que ha aparecido en su vida.

A tal fin, tenga en mente un "índice de felicidad" que fue recientemente instaurado por diferentes países de todo el mundo. Resulta que Nigeria, que es uno de las más pobres del mundo, con el mínimo de comodidades modernas, entró en el número uno de los informes de la felicidad. Estados Unidos clasificó 46 de 50, a pesar de tener uno de los más altos estándares de vida en el mundo. Al parecer, el énfasis en Nigeria no está en el mantra del ego, lo que exige más, más, más. Haciendo hincapié en la necesidad de más ha construido en su interior la idea de escasez, la falta, y no tener suficiente. En consecuencia, cuando se piensa más, se pasa a un estado de vibración para experimentar más escasez en su vida, ¡le guste o no!

Afirmo: yo estoy alineado con mi Fuente en todos mis pensamientos, y con Dios, todo es posible.

— Dr. Wayne W. Dyer

7

CAMBIE SU MENTE

A partir de haber recorrido el libro paso a paso, y de haber llevado a cabo los ejercicios o pasos de acción propuestos, usted ha llegado a:

- Decidir moverse hacia Lo Extraordinario.
- Escribir y establecer objetivos.
- Dar pequeños pasos en la dirección de su visión.
- Reconocer lo mucho que tiene que agradecer en este momento.
- Ha recorrido un libro entero dedicado a la mejora de sí mismo y la de su entorno.

Esta manera es el comienzo para sentirse preparado y motivado para hacer mejoras duraderas en su forma de pensar y en su vida entera de aquí en adelante.

Después de haber pasado por esto antes, conozco la sensación de tener estas estrategias frescas en la mente, listo para conquistar el mundo.

El objetivo del contenido de este capítulo es prepararse para los desafíos y contratiempos en el camino. Este compendio no termina con este libro, es algo que puede llevar con usted para siempre.

¿Por qué?

Debido a que los hábitos pueden tomar un tiempo para establecerse, pero de esta manera se convierten en una segunda naturaleza. Es importante fortalecer su forma de pensar como lo haría con un músculo. De esta manera en que usted se encuentra fortalecido y preparado no debería presentar un obstáculo en sí.

Estas son las tres áreas en las que tiene que trabajar continuamente con el fin de mantener una mentalidad productiva:

- Evitar la tentación de pensar demasiado. El pensamiento excesivo fue uno de los hábitos más difícil de romper para mí.

    El pensamiento excesivo se nos puede colar en nosotros sin siquiera notarlo. Podemos asentarlo como para ser cautos al principio, pero pensar demasiado a menudo conduce a los pensamientos negativos.

Lo he oído nombrar como "el arte de crear problemas que no existen."

- Céntrese en las partes de su vida que son grandiosas en este momento. En los capítulos 4 y 5 discutimos cómo actuando sobre las pequeñas cosas se atraen cosas mejores para sentirse entusiasmado.

Esta regla también se aplica a la gratitud.

Al practicar la gratitud y apreciación de cómo son las cosas ahora, de alguna manera atraemos cosas más grandes y mejores que agradecer. El paso de acción del capítulo anterior fue acerca de escribir o pensar en lo que está agradecido; esto es algo que yo hago todos los días.

¿Pero qué pasaría si fuera difícil pensar en lo que está agradecido ahora porque está demasiado ocupado preocupándose por lo que podría salir mal luego?

La verdad es que preocuparse es una pérdida de energía mental. Es usar su imaginación para crear algo que no desea.

- Enfoque su energía en las cosas que puede controlar, no la desperdicie en las cosas en que no puede tener control.

Cuando se enfoca en las cosas dentro de su control, tales como su estado emocional, sus pensamientos, y su respuesta a las situaciones actuales, usted se sentirá mucho más poderoso y al control de su vida.

"Cuando usted se queja, se victimiza a sí mismo. Salga de la situación, cambie la situación, o acéptela. Todo lo demás es una locura".

– Eckhart Tolle

Pasos de acción de este capítulo:

- Anote los peores escenarios que usted piensa que podrían ocurrir de manera realista si falla en lograr alguno de sus objetivos, sean los que sean. Podrían ser cosas como "Tendría que encontrar otro trabajo" o "Tendría que abandonar algo de bienestar" o "Voy a perder mi casa."
- Después de haber hecho esto, hágase esta pregunta acerca de cada escenario: ¿Hay alguna forma de salir de esta situación? La respuesta a esta pregunta es casi siempre sí. El objetivo de este ejercicio no es ser pesimista, sino en su lugar es hacer las paces con estas situaciones ahora mismo antes de que se conviertan en fantasmas.
- Tenga la mentalidad de que todo irá bien si se presentan escenarios no esperados. Trace un plan de lo que haría si fuera así. ¿Tendría que irse a vivir con sus padres? ¿Tomar un segundo trabajo? Conocer cómo manejaría estas situaciones hace que sea más fácil tener una mentalidad de "nada que perder". Y si realmente quiere saber la verdad, la mayoría de los peores escenarios nunca suceden.

Tiene que estar preparado para dedicar su vida, su tiempo y cada gramo de energía a sus metas y sus sueños, porque ese es el único camino en que alguna vez se conviertan en realidad.

Puede que no esté donde quiere estar en este momento de su vida, y puede que se esté preguntando si alguna vez estará donde quiere estar.

Puedes tener todas las metas del mundo y visualizarlas y pedir un deseo a cada estrella en la galaxia, pero a no ser que lo haga una prioridad nunca estará allí o llegara allí.

Esta es sólo la mayor razón por la que no está en ninguna parte en que quiera estar, porque sus metas son simplemente deseos, y seamos honestos, no son una prioridad en su vida.

Todo el tiempo escucho gente decir que quieren esto o aquello pero nunca hacen de eso una prioridad suficientemente grande en su vida como para que eso suceda.

Hasta que no haga de lo que desea una prioridad siempre tendrá lo que tiene, así que en este momento hágase un favor y revise sus prioridades.

Tiene que ser honesto y confrontarse a sí mismo, su vida, sus circunstancias y sus sueños y elabore lo que realmente quiere de esta vida y hágalo su única mayor prioridad.

Tiene que estar preparado para dedicar su vida, su tiempo y cada gramo de energía a sus metas y sus sueños porque es la única manera en que se convertirán en reales.

Entonces, ¿cuál es su única mayor prioridad?

CONCLUIMOS

Gracias por dejarme ser parte de su realidad hoy. Estoy orgulloso de usted por tomar este grandioso paso y haberlo hecho llegar tan lejos.

Dado que el objetivo es la mejora continua, voy a estar llegando a usted nuevamente y constantemente con nuevo material para que siga su camino hacia el éxito.

Y si este libro le fue de utilidad, podría mejorar la vida de alguien más haciéndole llegar la sugerencia de leerlo.

Nuestra tarea no es ir vagando de aquí hacia allá, sino de despertar. Para poseer nuestra actual realidad. Para verla. Sentirla. Aceptarla. Luego tomar acción para comenzar a vivir la vida que soñamos vivir. Un respiro, un paso un día a la vez. No más tarde. No mañana. Sino hoy. Ahora mismo.

— J. Fields

www.ingramcontent.com/pod-product-compliance
Lightning Source LLC
Chambersburg PA
CBHW060415190526
45169CB00002B/906